L'ITALIE

DEVANT

LA FRANCE

PRÉCÉDÉ D'UNE LETTRE

A M. LE MARQUIS MASSIMO D'AZEGLIO

PAR

EUGÈNE RENDU.

PARIS

COMON ET C⁰, COMPTOIR DES IMPRIMEURS-UNIS,

15, QUAI MALAQUAIS.

—

23 MARS 1849

1849

A M. LE MARQUIS

MASSIMO D'AZEGLIO,

Membre de la Chambre des Députés de Sardaigne.

MONSIEUR ET ILLUSTRE AMI,

Les hommes d'Etat vidaient la question en trois mots : l'Italie est morte !.. Aujourd'hui, c'est de l'Italie que l'Europe va recevoir ou la paix ou la guerre.

Il y a cinq ans, alors que les oisifs s'en allaient visitant l'Italie comme on parcourt un champ funéraire ou un musée, un livre parut qui la fit tressaillir ; le *Primato* était le paradoxe éloquent du patriotisme ; il expliquait le passé en ouvrant l'avenir : L'Italie se leva.

J'ai assisté à ce réveil de la vie nationale ; j'en ai senti les premières palpitations dans le cœur de ces hommes qu'unissait une même foi patriotique et religieuse (1) , mais que la révolution, hélas ! a séparés pour exalter les uns en méconnaissant les autres. Plus tard, il m'a été donné de recueillir vos paroles, et de comprendre l'Italie en vous comprenant. Veuillez agréer ces pages ; ce qu'elles ont de vrai vous appartient ; je vous les offre comme un souvenir ; je vous les offre comme une espérance, au moment où votre pays relève sa glorieuse épée, en s'enveloppant de son drapeau.

M. Gioberti avait réveillé la vie ; M. Balbo fit appel à la nationalité.

Le livre de M. le comte Balbo, le *Speranze d'Italia*, était un manifeste d'émancipation ; l'auteur écartait les utopies ; il

(1) M. Montanelli était d'accord avec les hommes qui, en Toscane, ont formé le parti constitutionnel et modéré, lorsqu'il publia la protestation du mois d'avril 1846. — Cette protestation, dans sa pensée, était un service rendu à l'idée religieuse plus encore qu'un acte politique,

descendait dans la pratique, dans le domaine des faits ; il cherchait quand, par qui, et comment son pays pourrait un jour rentrer en possession de lui-même ; de son sol d'abord, par l'expulsion de l'étranger ; puis de sa force politique, par l'établissement d'une confédération générale où les droits, les intérêts de chacun seraient représentés en vue et au profit de tous. L'illustre publiciste invoquait le retour aux mœurs fortes qui font les états forts. Il ne désespérait pas de son pays, loin de là ! mais il ne le flattait pas ; il voulait guérir le mal, mais il ne le niait pas. Il disait franchement à ses compatriotes : voilà ce que vous êtes, et voilà ce que vous devez être. Or, c'est un tel langage qui de tout temps a sauvé les hommes et les peuples.

« Que pensent de nous les étrangers, s'écriait le comte Balbo ; non ceux qui haïssent l'Italie et la calomnient, mais ceux qui l'aiment et qui la vantent, Gœthe, Byron, Lamartine ? que vantent-ils, qu'admirent-ils chez nous ? le beau ciel, les belles femmes, les brises voluptueuses de nos rives. Ils la vantent, ils l'admirent, honte à nous ! comme un lieu de repos préparé pour eux, quand ils sont fatigués de leurs graves pensées septentrionales ; comme un lieu de plaisir et de distraction ; que sais-je ? un jardin, une promenade ouverte à tout le monde. On loue aussi quelquefois, il est vrai, notre génie facile, divers, changeant, et l'on a raison. Mais nos vertus, qui en parle, même de ceux qui nous aiment ; notre langue n'a-t-elle pas gâté ce mot ? Nos écrivains classiques ont appelé *vertueux* César Borgia, vertueux l'Arétin ; aujourd'hui encore, nous appelons *virtuoses* ou *vertueuses*, non les mères de famille ou les vierges italiennes, mais celles qui servent sur les théâtres à nous divertir, nous et l'Europe. »

De telles paroles devaient porter coup. L'effet du *Primato* et des *Speranze d'Italia* fut souverain. Ces livres avaient mis en circulation un certain nombre de ces idées qui ébranlent et qui fondent, et qui, portant leur force en elles-mêmes, ne se laissent pas maîtriser.

Pendant que l'Italie écoutait ces graves

enseignements, vous veniez préciser la direction qu'il s'agissait d'imprimer au mouvement national ; vous traciez la route dans les *Casi di Romagna*.

Vous montriez que les prises d'armes isolées n'avaient jamais été qu'une occasion de triomphe pour les baïonnettes de l'Autriche ; que les conjurations avaient servi surtout à peupler les prisons d'hommes ardents et généreux ; qu'ailleurs donc était la véritable force, la puissance et l'avenir. On devait poser l'idée, qui est le principe, avant de vouloir le fait, qui est la conséquence ; il fallait, pour donner des chances à l'émancipation future, l'appuyer sur une théorie raisonnée, avant de la chercher dans des actes sans portée, par cela même qu'ils étaient irréfléchis. Il fallait aux hommes de tête et de cœur un programme d'après lequel ils pussent combiner les travaux qu'ils allaient entreprendre dans le domaine de la pensée, et faire converger leurs efforts vers un but avoué de tous, poursuivi par tous ; il fallait un signe de ralliement, un mot d'ordre. Ce mot d'ordre, ce programme, vous les donniez à l'Italie.

« Renoncer à la poursuite de l'utopie longtemps caressée de l'unité absolue, pour s'attacher au principe que sanctionnent à la fois la raison et l'histoire, au principe de l'autonomie respective de chacun des états formant par leur ensemble la grande nation Italienne. Plus d'insurrections partielles ; mais efforts soutenus pour unir dans une même pensée de progrès intérieur et de nationalité les peuples et les princes ; concilier et non diviser, afin de pouvoir, sans les affaiblir par la lutte, diriger toutes les forces de la nation vers ce but commun, l'indépendance (1). »

C'était un pas immense, qui ne le sent ? pour la politique générale de la Péninsule : à l'irréflexion succédait un dessein médité ; au fait accidentel, isolé, impatient, une idée constante, générale, maîtresse de soi ; au bruit stérile des émeutes, le silence d'un

(1) V. les *Casi di Romagna*, et la brochure qui plus tard formula nettement ces pensées, le *Programma per l'opinione nazionale*, par M. d'Azeglio.

pays qui calcule ses destinées et qui les prépare ; silence redouté de tous les despotismes, car il protége d'insondables projets, sans donner prise à la violence. Cette politique générale une fois adoptée, les États de la Péninsule n'avaient plus qu'à travailler dans une pensée commune aux améliorations politiques et militaires, aux réformes que demandait la justice, et qu'imposait le vœu des peuples, sous peine de révolution.

De telles vues, un tel travail étaient pleins d'avenir. Sous une impulsion modérée dans sa force, une opinion publique se formait. Vous et vos amis en étiez les régulateurs. On avait conscience du point de départ, des moyens, du but, et l'on marchait. Des écrivains distingués, de jeunes et ardents esprits, à la fois pleins de science et d'amour du pays, s'enrôlaient sous le drapeau de cette puissante école. L'opinion s'enhardissait à mesure qu'elle recrutait de nouveaux adeptes (1).

(1) V. M. Galeotti : *Della sovranità e del governo*

On signalait le mal dans des termes pleins de mesure mais aussi de liberté. Des hommes profondément attachés au catholicisme, inspirés par cet attachement même, mettaient le doigt sur la plaie, et provoquaient le remède en signalant le péril. Après le dernier mouvement de la Romagne, l'illustre et vénérable Gino Capponi, traçant la situation des États-Romains, écrivait ces paroles : « Le Pape doit régner sans gouverner ; c'est l'unique moyen de trancher une difficulté jusqu'à ce jour insoluble... Dans l'état actuel des choses, on dirait que la justice est en lutte avec la religion, et que de pauvres sujets sont condamnés à payer de leurs larmes et de leur sang le repos universel des consciences et l'unité de l'Église. Tel qu'il est, le gouvernement romain ne peut régir l'État, parce qu'il est réduit par la nécessité de sa nature

temporale dei Papi (publié au mois de mai 1846). — *La question italienne*, par M. Canuti. — *Delle strade ferrate e del migliore ordinamento di esse*, par M. le comte Petitti.

à craindre toute réforme, à empêcher toute amélioration (1). »

Voilà ce qu'au commencement de l'année 1846 pensaient, disaient, écrivaient en Italie, les hommes les plus dévoués à l'Église. La dissimulation pallie le mal, mais ne le guérit pas : dissimuler est la ressource des faibles. Le principe catholique est trop fort pour qu'il soit besoin de nier les fautes de ses représentants.

Or, à mesure que se fortifiait la doctrine des réformes, l'instinct des révolutions s'affaiblissait d'autant. Mais cette doctrine de l'école nouvelle, puissante par sa modération même, n'avait cours que dans les sphères élevées : elle ne séduisait que les esprits d'élite ; elle passait au-dessus du peuple, et n'y descendait pas.

À cette doctrine, pour s'imposer aux masses, il fallait un représentant compris par elle ; il fallait que ce représentant fût placé au rang le plus haut, par son titre, et qu'en même temps il fût près des plus humbles,

(1) Article inséré dans la *Gazzetta Italiana*.

par sa mission. Il fallait que ce représentant parlât au nom du principe qui rallie, sur le sol de la Péninsule, les sympathies et les enthousiasmes populaires, du principe qui a donné à l'Italie moderne ses arts, ses mœurs, toute sa vie sociale, qui a permis à Rome de ne pas mourir avant l'empire qu'elle avait fondé, et de commencer une seconde éternité : Pie IX parut.

Quel moment pour la Péninsule! quels cris d'allégresse, et quels tressaillements d'espérance! au souffle qui s'échappait du Vatican, la mort redevenait la vie,

... questa morte
D'ogni idea sublime, ch'ordin'si chiama.

En dix-huit mois votre pensée politique triomphait à Rome, à Florence, à Turin ; les rétrogrades et les révolutionnaires semblaient tués, comme parti. Abattant les premiers, Pie IX avait désarmé les seconds.

De tous les points de l'Italie on attendait le signal de Rome ; on ne le devançait pas. Tout frémissant de sa foi politique et religieuse, Montanelli s'élançait vers l'horizon lumineux où resplendissait en Pie IX la pensée de Gioberti. Il proclamait la mort de la *Jeune Italie*, et, lui refusant l'avenir, la reléguait dans l'histoire (1). En sorte que l'idée religieuse, l'idée libérale, et l'idée nationale s'unissaient, en s'y fécondant, au sein d'une harmonieuse unité.

Jusqu'au mois d'avril 1848, le parti que

(1) V. l'*Italia*, 2 octobre 1847.

A Florence, on n'aurait eu, dès les premiers mois de 1847, pour obtenir une Constitution, qu'à crier sur la place du palais Pitti : vive la Constitution ! on ne l'avait pas voulu, dans la crainte de briser l'équilibre politique qu'on se proposait de maintenir entre les différents états. M. Montanelli était d'accord sur ce point avec M. d'Azeglio. Voici un curieux passage de l'*Italia* :

« L'impulsion réformatrice étant partie de Rome, et une nation ne pouvant exister sans un centre, adhérer au programme Romain, c'est reconnaître la suprématie morale de la ville éternelle, c'est saluer en elle la vraie métropole de l'Italie. Le mouvement Toscan, s'il devenait constitutionnel, s'isolerait du mouvement Romain. Et lors même qu'une Constitution nous garantirait des avantages particuliers, il conviendrait de les sacrifier à l'intérêt bien supérieur de l'unité. Mieux valent trois pas avec Rome, que quatre sans elle. » (*Italia*, octobre 1847.)

vous aviez formé, le parti dont vous présentiez le *programme* à l'approbation de Pie IX (1), ce parti était maître de la situation. Il avait la force morale, car il agissait par des hommes qui l'honoraient devant l'Europe; il parlait par des livres qui révélaient ses idées; il se propageait par des journaux qui formaient l'opinion. Or, les révolutionnaires et les rétrogrades n'avaient ni hommes, ni livres, ni journaux. Il avait la force politique : les députés lui assuraient l'immense avantage d'une représentation légale. Il avait la force matérielle : les lois qui créaient la garde civique lui avaient donné des armes, et confié sa propre défense; c'est-à-dire que sous la protection de cette triple force, le parti *libéral-modéré* n'était plus même un parti, et que s'étant

(1) Au mois de juillet 1847, M. d'Azeglio, dans une entrevue avec le Saint-Père, l'informa que le *programma per l'opinione nazionale* contiendrait formellement la déclaration que l'indépendance de l'Italie était le but du parti libéral. Il dit à S. S. que pour lui éviter toute espèce d'embarras, il était prêt à s'éloigner de Rome, à l'époque de la publication. Pie IX l'invita à rester.

assimilé tout ce qu'il y avait de principes féconds et d'éléments vitaux dans le pays entier, il était la nation même, et semblait régner sur l'avenir.

Telle fut votre œuvre, Monsieur et illustre ami; honneur à vous! honneur aux maîtres vénérés qui avaient révélé aux morts le secret de la vie, Gioberti, Balbo, d'Azeglio, Capponi!

Et quand l'explosion de Février et l'insurrection Lombarde eurent transformé les données du problème, lorsqu'à côté et au-dessus de la question de liberté fut posée tout-à-coup la question d'indépendance; vous vouliez que le parti modéré, que les gouvernements acceptassent la seconde pour l'affronter, comme ils avaient accepté la première pour la résoudre. Ils le devaient, sous peine de laisser la révolution s'insinuer dans le mouvement réformateur, sous peine de la voir s'emparer, pour la tourner contre eux, de la force irrésistible de l'idée nationale.

Vous aviez jugé la situation: vous qui n'aviez pas désiré la guerre, la guerre éclatant, vous avez saisi l'épée de cette même main qui venait de jeter à l'Italie les *Lutti di Lombardia :* vous changiez d'arme, non de pensée.

En même temps, vous insistiez pour que le gouvernement romain prît une attitude décisive; vous demandiez que venant lui-même, à Milan, se poser en médiateur, Pie IX donnât au pouvoir temporel la base inébranlable de la nationalité. L'âme du Pontife s'ouvrait à cette pensée magnanime : quelles intrigues lui montrèrent le péril là où était le salut, Dieu le sait (1) !

(1) Pie IX, il faut le répéter, ne fut pas l'auteur de cette allocution du 29 avril qui portait la Révolution dans son sein. Le Pape avait écrit de sa main un projet dans lequel il parlait le ferme langage de l'allocution du 10 février. On effraya la conscience du Pontife, pour lui imposer la pièce fatale.

« L'extrême bonté de Pie IX, disait M. d'Azeglio, l'a empêché de dominer ce vieux parti qui sous le masque de la religion n'avait d'autre but que de rejeter le gouvernement dans la vieille ornière; l'émeute, croyez-le bien, cette émeute que je déteste, se rassemble sous les fenêtres du Pape,

Malheur à qui s'est fait l'instrument des discordes Italiennes! mais aussi malheur aux hommes qui les ont provoquées; à ces hommes qui, « enviant à Pie IX l'honneur de sauver l'Italie, de glorifier le catholicisme et de subjuguer le monde, trahirent leur père, et lui présentèrent le poison! Quel a été le prix de cette œuvre de ténèbres? le crime est consigné au livre éternel des vengeances divines » (1). (M. d'Azeglio, *Timori e Speranze.*)

mais elle n'est pas à son adresse. Elle s'en prend à lui parce qu'il n'a pas éloigné des hommes qui, en complotant contre la cause de l'indépendance, précipiteront une catastrophe, et amèneront la ruine du pouvoir temporel. — Ces gens-là ont si bien pris leurs mesures qu'ils ont fait tomber au milieu de nous la fameuse encyclique, comme une bombe. *L'armée en a été presque dissoute.* — Et puis, on dit qu'on veut rendre le Pape esclave! Non, mille fois non! » (*Lettre écrite de Vicence, pendant la campagne de Lombardie. — 8 juin 1848*).

(1) « Vous avez effacé les plus belles pages de l'histoire ecclésiastique du XIXe siècle, pour y substituer une autre page qu'on ne pourra lire un jour sans pleurer. Vous avez arraché à Pie IX la gloire de donner son nom à son siècle. Vous avez

Trêve aux plaintes ! le bruit des armes étouffe tout autre cri que le cri de l'indé-pendance.

empêché le pontife d'accomplir sa plus magnifique mission temporelle, celle de se déclarer le défenseur et le père des nationalités chrétiennes ; vous avez tué en lui le vengeur de l'indépendance italienne ; vous en avez fait le prisonnier de la diplomatie..... Vous avez circonvenu, surpris, trompé le plus saint des hommes, le plus dévoué des pontifes. Vous avez abusé de la délicatesse de sa conscience, vous lui avez fait voir les périls de la religion dans l'agonie de l'absolutisme, vous l'avez amené à détruire lui-même en grande par-tie l'œuvre sublime de son esprit et de son cœur !..... » (Le P. Ventura, *Introduzione al Dis-corso funebre pei morti di Vienna.*) Des hommes qui louai..nt Pie IX du bout des lèvres quand le pontife remuait le monde, et qui lui pardonnent sa gloire depuis qu'ils la lui font expier à Gaëte, ont insulté le P. Ventura : l'illustre orateur avait répondu par avance. «Ils s'en vont répétant : Nous l'avions bien dit ! le pape se perdait; et ils s'ap-plaudissent d'avoir débité des prophéties dont ils ont eux-mêmes procuré l'accomplissement. Ils déplorent des maux qu'ils ont faits, ils attri-buent à d'autres les malheurs dont ils ont été la cause, et ils trouvent des sots pour dire : Ils avaient raison ! »

Pauvre au milieu de ses richesses d'art, de traditions, de souvenirs, l'Italie redemande le bien suprême que tout peuple tient du ciel, et qui ne se prescrit pas; elle par qui ont vécu les nations chrétiennes, elle invoque le droit de vivre, et les nations assistent à cette lutte magnanime comme on assiste à un spectacle !

Dieu protége le droit ! monsieur et illustre ami ; et puisse le poëte avoir jeté pour le salut de l'Italie ce cri jaloux du patriotisme :

Ne ti vedrei del non tuo ferro cinta
Pugnar' col braccio delle straniere genti
Per servir sempre e vincitrice e vinta !

20 mars 1849.

Les pages suivantes ont paru dans *l'Ère Nouvelle*. Elles furent écrites en vue des conférences qu'avait acceptées le gouvernement en entrant dans la médiation. Cette médiation était un leurre et une insulte : la France a accepté le premier et subi la seconde.

Je ne crois pas inutile de reproduire ces pages. La traduction qu'en ont faite, ou l'analyse qu'en ont donnée les journaux de Florance, de Venise, de Rome et de Turin, me permettent de croire à l'exactitude des faits et à la justesse des appréciations qu'elles renferment. Ensuite, et surtout, les événements qui s'accomplissent en Italie leur conservent un caractère de complète opportunité.

De deux choses l'une : ou Charles-Albert est vainqueur, et tout est dit. Ou il est vaincu, et la question particulière de la paix à conclure entre l'Autriche et la Sardaigne u.. fois résolue, la question européenne et la question française subsistent tout entières. Les conclusions de ces pages seront applicables demain comme elles l'étaient hier.

Je veux examiner l'attitude du gouvernement français vis-à-vis de la Révolution italienne, étudier l'origine et la nature de nos engagements, et, précisant les faits, indiquer nos devoirs.

Selon que nous saurons y faire face, ou que nous les déserterons, nous aurons servi ou méconnu les plus hauts intérêts dont la Providence, depuis un demi-siècle, nous ait confié la tutelle.

MANIFESTE DU GOUVERNEMENT PROVISOIRE.

1

Il importe de ne pas attribuer l'insurrection de la Lombardie, comme on l'a fait trop souvent, à l'influence officielle et directe du gouvernement issu de la Révolution de Février. Nous avons à signaler dans la marche diplomatique de la France assez de fautes, sans faire peser sur elle, comme un engagement, la responsabilité d'un mouvement qu'elle n'a point provoqué.

Le manifeste de M. de Lamartine, en date du 4 mars, n'était point, comme on l'a répété, un appel aux armes. Loin de là, ce manifeste était un frein plutôt qu'un aiguillon, une protestation contre la propagande armée, bien plus qu'une provocation contre les gouvernements quels qu'ils fussent. Si même, dans ces jours fiévreux où il fut écrit, un reproche lui fut adressé, c'était, on se le rappelle, d'imposer à l'expansion révolutionnaire la paix comme une entrave.

Il faut relire dans la *circulaire* les passages ayant trait à la question qui nous occupe :

« Les traités de 1815, disait M. de Lamartine, à un point de vue général, n'existent plus en droit aux yeux de la République française. Toutefois les circonscriptions territoriales de ces traités sont un fait qu'elle admet comme base et comme point de départ dans ses rapports avec les autres nations. »

Puis, arrivant à l'Italie :

« Si les États indépendants de la Péninsule, ajoutait-il, étaient envahis ; si l'on imposait des limites ou des obstacles à leurs transformations intérieures ; si on leur contestait à main armée le droit de s'allier entre eux pour consolider la patrie italienne, la République française se croirait en droit d'armer elle-même, pour protéger ces mouvements légitimes de croissance et de nationalité des peuples. »

Il est impossible d'être plus réservé, relativement à l'Italie, que ne l'était M. de Lamartine dans le manifeste célèbre où il présentait à l'Europe les principes et les tendances qui devaient désormais diriger la politique extérieure du gouvernement français. La République, par son organe, parlait, au point de vue de la nationalité italienne, comme avait parlé la monarchie. Je n'accuse pas, je ne loue pas, je constate. M. de Lamartine prévoyait le cas où seraient envahis, non pas l'*Italie*, mais les *États indépendants* de l'Italie. Il sanctionnait donc implicitement la possession du royaume Lombardo-Vénitien par l'Autriche. Il adoptait, chose grave ! il adoptait la ligne politique suivie pré-

cédemment par la France dans ses rapports in-
ternationaux.

Trois mois avant l'explosion de février,
Pie IX, ayant envoyé Mgr Corboli-Bussi négocier et conclure avec Charles-Albert et le grand-
duc de Toscane la ligue connue sous le nom de
ligue douanière, M. de Metternich vit dans cette
initiative un acte de haute portée politique.
Effrayé des conséquences, le diplomate autrichien avait adressé aux différentes cours de
l'Europe un memorandum où il les invitait :
1° à garantir à l'Autriche les provinces italiennes
que lui avaient adjugées les traités de 1815 ;
2° à s'unir à lui pour étouffer les ardeurs nais-
santes du libéralisme italien, dangereux, disait-
il, pour la tranquillité de l'Europe.

Le gouvernement français, avec les autres
gouvernements, donna pleine satisfaction sur le
premier chef au cabinet autrichien. Sur le second il refusa de s'expliquer d'une manière ca-
tégorique ; toutefois M. Guizot adhéra quelque
temps après à la proposition de M. de Metternich.
En voici la preuve : au moment où le roi de
Naples, sous la menace d'une révolte, donnait
à ses peuples une constitution, comme un bran-

don de guerre jeté dans l'Italie centrale (*m'hanno spinto, io li spingerò*), M. Guizot, prévoyant que Pie IX lui-même serait bientôt débordé, avait fait consentir le Pape à recevoir dans ses États une garnison française, comme une digue contre le flot des révolutions. Lorsque tomba le gouvernement de Février, une expédition était sur le point de partir de Toulon pour les États romains. Ce fait, pour n'être pas connu, n'en est pas moins certain. Il explique, du reste, cette phrase que tout le monde a lue dans une dépêche de M. d'Harcourt à M. Bastide : « Vous regretterez peut-être de ne pas avoir prêté au Pape l'appui qu'il demandait. » Pie IX, en effet, sollicita de la République l'intervention qu'avait projetée la monarchie.

Eh bien ! des deux principes invoqués par M. de Metternich dans son memorandum et acceptés par M. Guizot, M. de Lamartine, en repoussant le second, adopta le premier : il reconnut le fait de la domination autrichienne en Lombardie. Le nier, c'était protester contre l'engagement renouvelé tout récemment par les grandes puissances, sur la demande de M. de Metternich ; c'était risquer la guerre universelle. M. de Lamartine ne le voulut pas.

Quant à la seconde partie du memorandum, le gouvernement provisoire la rejeta complètement; c'est à cette seconde partie que répond la phrase plus haut citée : « *Si l'on imposait des limites ou des obstacles aux transformations intérieures*, etc. » Et c'est pour suivre la ligne adoptée, pour se conformer au principe de non-intervention proclamé par M. de Lamartine, que M. Bastide refusa plus tard les secours demandés par le Pape.

Tel est le sens réel du manifeste de M. de Lamartine.

L'influence officielle et directe de la France ne fut donc pour rien dans la glorieuse insurrection de Milan. Les causes de cette insurrection sont connues; je n'ai pas à les rappeler ici. Mais il importe de constater ce point : la responsabilité de la France ne fut pas compromise dans la révolution lombarde, par conséquent sa parole n'y fut pas engagée.

2

Il faut se garder de croire qu'en s'abstenant

de pousser l'Italie à la guerre contre l'Autriche, M. de Lamartine trahit les véritables intérêts de la Péninsule ; bien loin de là, il les servait.

L'Europe a rendu hommage au patriotique élan qui donna le signal de la guerre de l'indépendance en Lombardie. L'insurrection milanaise fut l'insurrection du droit contre le fait, la protestation de la justice outragée contre un système de compression, puis de meurtre et de terreur, érigé comme ressource suprême contre le développement d'une nationalité renaissante (1).

Nul ne mit en doute la sainteté de la cause, mais beaucoup purent contester l'opportunité de la lutte.

Celui qui écrit ces lignes a eu l'honneur d'approcher les chefs de la grande école politique italienne, ceux qui avant et depuis l'avénement de Pie IX ont dirigé le véritable mouvement national dans la Péninsule. Eh bien ! il peut l'affirmer : ni M. Balbo, ni M. Capponi, ni M. d'Azéglio, pas même M. Montanelli, ni M. Gioberti,

_____

(1) V. les *Lutti di Lombardia*, par M. d'Azeglio. — Ce pamphlet, terminé à Rome le 24 février 1848, tomba sur la Lombardie comme une étincelle sur la poudre.

aucun d'eux, au moment où éclata la Révolution
de Février, ne croyait la guerre désirable pour
l'Italie ; aucun d'eux, à supposer que cette guerre, venant à éclater, se prolongeât, n'en jugeait
le succès possible. Quand, à l'improviste, les
journées de mars à Milan eurent ouvert la pé-
riode de la lutte, ils s'y jetèrent patriotique-
ment pour la soutenir, les uns dans les conseils
des princes, les autres sur les champs de ba-
taille, avec quelle gloire chacun le sait. Mais
encore une fois, nul ne prévoyait ni ne souhaitait que l'Italie fût tout à coup mise en demeure
de défendre son droit par la force. Tous, et je
ne fais exception ni de M. Gioberti ni de
M. Montanelli, tous, sauf quelques nuances dans
l'appréciation des idées et des faits, jugeaient
l'avenir comme le jugeait Pie IX. Pie IX avait
dit cette parole : « Il nous faut dix ans pour
faire pénétrer l'esprit national et politique dans
les masses. » Cette parole, les hommes que je
viens de nommer la croyaient profondément
vraie ; ils voulaient avant tout, et comme moyen,
l'éducation du peuple italien, son éducation nationale, politique et militaire ; ils voulaient dans
le présent l'affermissement de la liberté et le

développement moral par la paix ; dans l'avenir seulement, la conquête de l'indépendance par la guerre (1).

Il ne faut donc pas s'étonner si les chefs de cette grande école qu'on est convenu d'appeler en Italie l'école *modérée*, se montrèrent mé-

(1) Je citerai ces belles paroles du *programme* (Juillet 1847).

« Nous savons que l'occasion de reconquérir l'indépendance est peut-être éloignée. Nous l'attendrons dans une activité pleine de calme, nous appliquant, non pas à troubler inconsidérément le repos d'autrui, mais à réformer nos institutions dans ce lambeau d'Italie qu'on nous a laissé, à nous réformer nous-mêmes, à nous rendre dignes d'un regard de la Providence, et capables de mettre à profit l'occasion, quand elle voudra nous l'envoyer. S'il plaisait à Dieu de ne pas l'accorder avant que notre génération ne passe, nous saurons nous soumettre à son jugement avec une résignation virile. Sous le poids de cette sentence, nous travaillerons avec une égale persévérance à l'œuvre de la régénération italienne; et nous descendrons dans la tombe, bénissant Dieu de nous avoir permis de la faire avancer d'un seul pas, et de quitter la terre où dorment nos pères moins malheureuse qu'ils ne l'avaient laissée. » (P. 53.)

Telle était la politique de ces hommes qui, ne se proposant pas, avant tout, de réaliser pour jouir, travaillaient pour leurs fils, non pour eux-mêmes, et qui savaient être patients, parce qu'ils avaient le droit de compter sur l'avenir.

diocrement satisfaits, au lendemain de la révolution, des conséquences que devait entraîner pour leur pays l'explosion de février. Le parti de M. Mazzini poussa un cri de joie ; mais les politiques sérieux se tinrent sur la réserve. M. Gioberti, alors à Paris, ne cachait pas ses inquiétudes. M. d'Azeglio, dans les premiers jours de mars, écrivait une lettre où tout son enthousiasme se traduisait par ces simples mots : « Vous nous menez ventre à terre ; nous allons faire en sorte de n'être pas désarçonnés. » Enfin, M. le marquis G. Capponi, — cet homme illustre nous permettra de faire connaître un jugement qui appartient à l'histoire. — M. Capponi appréciait ainsi les événements de France, dans leurs rapports avec les faits italiens : « L'Italie a marché rapidement depuis que vous l'avez quittée. Mais, je ne vous le dissimule pas, j'ai vu avec fort peu de plaisir la nouvelle révolution de France. J'étais satisfait de l'allure de nos affaires, et toute complication devait me contrarier. Le contre-coup n'a pas été aussi violent qu'on eût pu le craindre d'abord : le bon sens du pays, je l'espère, ne nous fera pas faute. Mais je ne voudrais de

propagando ni armée , ni désarmée (1)... »
(*Lettre du 14 mars 1848*).

Voilà comment fut accueillie la perspective d'une guerre immédiate, par les hommes qui représentent la pensée italienne dans sa modération et dans sa force.

Or, ce n'était point dans le but de satisfaire *la Jeune Italie* que M. de Lamartine écrivit son manifeste ; et je puis assurer qu'en effet le manifeste ne la satisfît pas.

Mais cette pièce diplomatique, tout en réservant le rôle de la France dans la question internationale, répondait aux vœux de l'école *modérée*, 1° en enchaînant la propagande armée, 2° en garantissant l'appui de la France dans le cas où l'on imposerait des obstacles aux transformations intérieures des États italiens

(1) M. Capponi appréciait du reste la Révolution de Février avec toute la largeur de son esprit, dans ces remarquables paroles : « Quant à ce qui vous regarde, vous autres Français, je vois dans tout ceci non pas une solution actuellement bonne d'aucun problème, mais plutôt un pas vers la solution que Dieu donnera au jour marqué; c'est une grande secousse que de sa propre main il vient d'imprimer au monde, la plus grande qu'il ait imprimée à l'humanité depuis le christianisme.

dans le cas aussi où on leur contesterait le droit de s'allier entre eux *pour consolider une patrie commune.*

Ces garanties, ces promesses, les seules données par le manifeste, promesses insuffisantes pour l'école mazziniste, mais acceptées avec reconnaissance par l'école modérée, ces garanties et ces promesses étaient choses nouvelles de la part de la France. On croyait au-delà des Alpes, et l'on avait de fortes raisons de croire que le gouvernement déchu avait été, à l'égard de l'Italie, dans des intentions tout à fait contraires.

Voilà pourquoi le manifeste de M. de Lamartine, dans sa réserve, fut accueilli favorablement par les hommes sérieux de la Péninsule, par les hommes qui demandaient pour l'Italie l'indépendance de son action intérieure, rien de plus, rien de moins ; et qui savaient, dans leur sagesse, qu'il faut traverser le présent pour marcher vers l'avenir.

Pour en finir avec le manifeste du 4 mars, j'ai à démontrer le point que je viens d'indiquer : à savoir que, sous le gouvernement renversé en février, la France passait, même aux yeux de l'école modérée, pour l'adversaire du développement intérieur des libertés péninsulaires.

On verra qu'il était possible à M. de Lamartine de se rendre populaire dans la Péninsule, sans pourtant l'exciter contre l'Autriche.

Ce point démontré et le manifeste hors de cause, j'arriverai aux engagements contractés par le gouvernement français pendant la guerre de Lombardie.

3

Le gouvernement de juillet s'était fait en Italie l'intime allié du prince de Metternich; la diplomatie française y était l'instrument de l'Autriche : ne lui résistant nulle part, elle avait semblé lui donner la main partout.

Ce peu de mots suffit pour faire comprendre quelle était, malgré sa réserve, la vraie portée du *manifeste*. Le manifeste était un démenti et une protestation. Je vais le démontrer rapidement.

La question italienne, par l'avènement de

Pie IX, était devenue la question la plus haute
dont la solution pût solliciter l'intelligence et la
volonté du gouvernement français. Que la liberté péninsulaire vînt à triompher; que les Etats
italiens, rendus à la vie des peuples, arrivas-
sent à constituer par leur confédération une
force capable de commander le respect, et une
révolution féconde s'accomplissait : l'Europe
méridionale était appelée, après un long som-
meil, à contre-balancer, en s'appuyant sur la
France, la prépondérance écrasante des puissances septentrionales. — De plus grands intérêts encore s'agitaient sur le sol italien, intérêts
auxquels, si l'on y prend garde, était attaché
l'avenir même de la civilisation chrétienne.
Pie IX n'agitait pas la société à sa surface, mais
il la remuait dans ses profondeurs intimes. Le
mouvement provoqué par lui, c'était la récon-
ciliation officielle de l'Eglise avec le système
social des temps modernes, c'était le traité de
paix entre l'idée religieuse et l'inspiration de
1789, ces deux forces dont l'antagonisme a fait
depuis cinquante ans le malaise de nos sociétés.
La France avait la mission, elle était appelée à
l'honneur de prendre la plus large part à ce

traité solennel, et d'en faciliter la conclusion.

Eh bien ! la diplomatie française, sous le gouvernement déchu, ne parut ni comprendre cette mission, ni accepter cet honneur.

A la discrétion de l'Autriche depuis les mariages espagnols, elle avait, en Italie, abdiqué sa vie propre, pour demander le mot d'ordre non à Paris mais à Vienne ; à Rome comme à Turin, elle combattit ce qu'elle devait servir, elle servit ce qu'elle devait combattre.

A Rome, le rôle de la France était celui-ci : seconder Pie IX dans sa généreuse initiative ; l'appuyer de ses conseils contre l'Autriche ; se mettre avec lui, pour l'y maintenir, à la tête du mouvement réformateur, afin de se créer le droit de maîtriser l'emportement révolutionnaire, et de pouvoir, au besoin, sauver la liberté d'elle-même, sans exciter ses défiances. La France agit en sens inverse : sous prétexte de protéger Pie IX, on entrava sa marche ; loin de le soutenir, on le fit douter de lui-même. Pie IX avait trouvé du génie dans sa conscience ; on effraya sa conscience pour paralyser son génie. L'attitude de la diplomatie française vis-à-vis du Pape ne fut que l'application de ce mot de Louis-Philippe : *Pie IX travaille sur le vide.* Elle ne l'aida dans l'accomplissement d'aucune grande réforme. Comme la diplomatie autrichienne, elle subit ces réformes, sans jamais les prévoir pour les préparer. La plus considérable, la création de la garde civique, ne fut acceptée par notre ambassade que sous la pression d'un mouvement populaire (1). Quant à la constitution, le jour même où une charte était promulguée à Naples, ce jour-là même, on s'en souvient, M. Guizot, à la tribune, déclarait que de dix ans encore il ne serait pas question de constitutions pour les Etats italiens. Au lieu de faciliter l'avènement d'un fait nécessaire, pour amortir la violence du choc, on niait ce fait. On avait tout dit quand on l'avait déclaré « inconciliable avec la situation générale de l'Italie. » (M. Guizot à M. Rossi, *dépêche du 25 août*

(1) « Nous avons eu des rassemblements, des promenades dans le *Corso*; des cris : Mort à Lambruschini.... Je ne sais quelle mouche a piqué votre *dormeur* (l'ambassadeur français); il a tout à coup montré une dépêche de M. Guizot, qui le chargeait de parler au Pape. Probablement il a envoyé à Paris toute faite la dépêche qu'on devait lui écrire. » (*Lettre* de M. d'Azeglio, 6 juillet 1847.)

1847.) L'ambassadeur d'Autriche, M. de Lutzow, ne tenait pas un autre langage. Aussi Pie IX se défiait-il de la France comme de l'Autriche. Le Saint-Siége observait une même réserve à l'égard des représentants de ces deux puissances. Suspectée par le Pape, mal vue du parti libéral-modéré, avec lequel elle n'avait point de relations, notre ambassade était en dehors de tout, isolée du pays sur lequel elle devait agir ; *en quarantaine*, selon l'expression d'un des chefs du mouvement italien. Elle n'avait su obtenir du Saint-Père aucune de ces confidences qui permettent à deux puissances amies de combiner un plan et de le soutenir en commun.

M. Guizot s'étonnait de cette situation étrange, sans en comprendre la cause, lorsqu'il écrivait : « Nous avons regretté que le Saint-Siége n'eût pas, dès l'origine, indiqué la nature et la portée de ses réformes... M. le comte Rossi a plus d'une fois exprimé ce regret aux conseillers du Saint-Père et au Saint-Père lui-même... La cour de Rome ne peut mettre en doute la sincérité de notre bon vouloir... » (Dépêche de M. Guizot à M. de La Rochefoucauld, août 1847.)

L'attitude de notre gouvernement, lors de

l'invasion de Ferrare, provoqua tout particuliè-
rement l'irritation de Pie IX et de l'Italie contre
la France. Notre diplomatie avait donné gain
de cause à l'Autriche ; elle avait condamné
l'énergique protestation du cardinal Ferretti et
du Pape. En apparence et dans les dépêches
destinées à la publicité, on formulait ce blâme
avec modération ; mais les conversations du
nonce avec Louis-Philippe étaient connues à
Rome. On y savait que, dominé par la terreur
d'avoir à résister tant soit peu aux exigences
de l'Autriche, le roi s'était permis sur le compte
du Pape les plus étranges propos ; qu'il l'avait
traité de *révolutionnaire*. Le Pape s'était montré indigné ; il s'était plaint à M. Rossi. M. Rossi
avait nié le fait. Il s'en était suivi une scène des
plus vives. C'est à la suite d'une scène de ce
genre que Pie IX disait au P. Ventura : « Père Ventura, la France nous abandonne : nous sommes
seuls ! — Dieu nous reste, répondait l'illustre
religieux, marchons ! »

On ne sait pas assez que les rapports du Pape
avec notre ambassade furent, pendant un an,
une sorte de lutte quotidienne ; que notre influence à Rome fut un obstacle au lieu d'être un

appui, un danger au lieu d'un secours. Dans cette lutte, Pie IX perdait peu à peu sa confiance en lui-même, la France sa popularité. Et voici ce que pensait de notre diplomatie un des hommes les plus éminents du parti modéré, un de ceux qui ont travaillé avec le plus de dévouement et d'amour à la régénération de l'Italie par la papauté : « Votre ambassade à Rome est un peu au-dessous de l'ambassade autrichienne. Celle-ci, du moins, vit par soi, agit par soi et pour soi ; elle a un point de contact avec le pays par le parti rétrograde. Le vôtre est un instrument, et un instrument sans point d'appui. » (Lettre du 28 mai 1847.) Et à neuf mois de cette date, le même homme d'Etat écrivait ces mots : « Isolement et méfiance comme par le passé. Je dois vous dire que si dans cette session les députés ne faisaient rien pour l'honneur du pavillon, on commencerait à se demander si bien réellement la France est mécontente du rôle qu'on lui fait jouer. Votre gouvernement ne saurait tomber plus bas dans l'opinion. » Un mois plus tard, éclatait l'explosion de février.

A Turin, la diplomatie française avait semblé

prendre à tâche d'irriter le sentiment national. Accueillant avec une froideur extrême le projet de *ligue douanière* présenté par le Pape au roi de Piémont, elle n'avait rien fait pour arracher Charles-Albert aux craintes et aux hésitations qu'en dépit des chefs du parti modéré, notamment de M. le comte Balbo, entretenait l'administration impopulaire de M. de la Margherite. Pour citer un fait qui peint mieux que bien des phrases l'attitude de la France à Turin, notre ambassadeur avait déclaré publiquement que le livre dont l'apparition fut le réveil de l'Italie, *le Speranze d'Italia*, insultait la France en menaçant l'Autriche.

Cette abdication entre les mains des mortels ennemis de la Péninsule était mise en relief par l'attitude que prenait à la même époque le ministre extraordinaire du cabinet britannique, lord Minto.

La politique de l'Angleterre en Italie n'a pas changé depuis que son plénipotentiaire au congrès de Vienne, lord Castelreagh, s'écriait dans le parlement :

« *Les préjugés* des peuples ne méritent d'être pris en
« considération que lorsqu'ils ne s'opposent pas à la réa

« lisation d'un but déterminé. La sûreté de l'Europe
« nous force à faire violence aux sentiments des Italiens :
« *l'Italie ne saurait être considérée autrement que comme*
« *pays conquis.* »

L'Angleterre ne se souciait pas plus des droits de l'Italie en 1847 qu'elle ne s'en préoccupait en 1815. Cependant en 1847 lord Minto faisait grand bruit de ces droits. Ce n'était pas la politique de l'Angleterre qui changeait, c'était son langage. En 1847 comme dans les années précédentes, elle était fidèle à son programme : prendre en tout et partout, dans la Péninsule, le contre-pied de la France. Or, depuis l'avénement de Pie IX, la France s'étant constituée en Italie l'alliée de l'idée ultra-conservatrice et des intérêts autrichiens, la diplomatie anglaise s'était déclarée protectrice de la pensée nationale, et flattait dans les inspirations libérales jusqu'aux instincts révolutionnaires.

A Turin, à Florence, à Rome, à Naples, lord Minto était l'instrument d'une propagande dirigée contre l'influence française, comme une machine de guerre. C'était lui qui poussait le roi de Piémont dans la voie d'une réforme gouvernementale, qui se constituait l'apôtre de la *ligue douanière*, qui se faisait accepter par les hommes les plus influents du Piémont comme le protecteur désintéressé des libertés compromises ; c'était lui surtout qui, à Rome, entretenait en les excitant les foyers du libéralisme. Pendant que notre ambassade continuait sa *quarantaine*, lord Minto étudiait les passions populaires en les provoquant. L'année dernière, au mois de décembre, le diplomate anglais se rendait aux invitations empressées du *Circolo Romano ;* je l'ai entendu répondre du haut du balcon aux applaudissements de la foule ; e l'ai vu dans une fête publique frapper de sa main patricienne sur l'épaule de Ciceruacchio.

Ainsi, au moment où le gouvernement français voilait son influence, la diplomatie anglaise la tuait par le contraste. L'Italie s'était laissé prendre à ce faux semblant de dévouement. Il faut avoir entendu le langage des hommes les plus sages du parti modéré, pour se faire une idée exacte du mépris où la diplomatie française était tombée dans la Péninsule. On comprend alors comment l'Angleterre pouvait se croire appelée à recueillir en Italie la succession morale de la France.

Eh bien! quelle devait être la premiere parole de la France, au moment où expirait une politique dont la pensée fondamentale provoquait à la fois en Italie les antipathies des princes et des peuples? Quelle devait être cette parole? une protestation.

Le manifeste de M. de Lamartine fut cette protestation. Il était cela et pas autre chose.

Le gouvernement déchu avait heurté le sentiment italien dans trois questions : dans la question de nationalité, en paraissant donner la main à l'invasion de Ferrare ; dans la question de liberté intérieure, en comprimant le mouvement constitutionnel : dans la question de la ligue fédérale, en accueillant froidement le plan d'union douanière. Le gouvernement nouveau répudiait l'héritage d'impopularité qui lui était légué en Italie, et protestait par ces paroles :

« Si les États indépendants de la Péninsule étaient envahis ; si l'on imposait des limites et des obstacles à leurs transformations intérieures ; si on leur contestait à main armée le droit de s'allier entre eux pour consolider une patrie italienne, la République se croirait en droit, etc. »

Tel est, au vrai, le sens du manifeste adressé à l'Europe le 4 mars 1848. Aussi, disait en terminant M. de Lamartine : « Si la France a la conscience de sa part de mission libérale et civilisatrice dans le siècle, il n'y a pas un de ces mots qui signifie *guerre*. Si l'Europe est prudente et juste, il n'y a pas un de ces mots qui ne signifie *paix*. »

Mais si pas une phrase de la *circulaire* n'engageait la France vis-à-vis de l'Italie dans la question internationale, deux mois plus tard, l'Assemblée constituante, dans la séance du 25 mai, adoptait une formule ainsi conçue :

« L'Assemblée invite la commission du pouvoir exécutif à prendre pour règle de sa conduite ce vœu unanime de l'Assemblée : Affranchissement de l'Italie. »

De là datent nos engagements. Quelle en est la nature et la portée ?

II

ROLE DE L'ASSEMBLÉE NATIONALE ET DE LA COMMISSION EXÉCUTIVE.

4

L'insurrection de Lombardie modifiait profondément la situation que la note politique du 4 mars avait faite à la France. Le manifeste parlait de paix, l'Italie répondait par la guerre. Un nouveau problème, le problème international était posé; et pour le résoudre, il fallait non des phrases, mais des actes.

Si l'explosion de Milan avait été soudaine, du moins elle n'était pas imprévue. La chute du gouvernement de Juillet en fut le signal, non la cause; quand Vienne donnait l'exemple à Milan, quand la force même qui devait comprimer la révolution se faisait révolutionnaire, on pouvait prévoir que l'heure marquée par la prudence serait devancée par le désespoir.

En adressant à l'Europe un manifeste de paix, le gouvernement de la République devait donc préparer une politique de guerre. Quelle fut cette politique? La voici :

« Dès les premiers jours, disait M. de Lamartine dans la séance du 24 mai, nous avons fait communiquer aux puissances italiennes la volonté ferme d'intervenir, au *premier appel* qui nous serait fait, et, par un acte conforme à cette déclaration, nous avons réuni à l'instant, au pied des Alpes, d'abord une armée de 30,000 hommes, puis une armée qu'en peu de jours nous pouvons porter à 60,000 combattants, et elle y est encore. *Nous avons attendu un appel* de l'Italie.... La France est là ; elle est au pied des Alpes, ajoutait M. de Lamartine ; elle vous déclare tout haut, à vous ses amis, à vous ses ennemis, qu'à votre premier signal elle franchira les Alpes et viendra vous tendre cette fois sa main libératrice. »

Dans ces quelques mots se trouve toute la politique du gouvernement provisoire et de la commission exécutive, relativement à la question italienne. Or, il est facile d'y voir, en même temps qu'une généreuse promesse, l'aveu d'une impardonnable faute. Car en engageant la parole de la France, parole engagée plus solennellement encore par la ratification formelle de l'Assemblée nationale, la commission exécutive ne mettait à l'accomplissement de cette promesse d'autre condition que la volonté de l'Italie. La commission constituait un peuple étranger juge suprême de la convenance et de l'opportunité de ses actes ; elle renonçait à toute initiative ; dès lors le rôle de notre diplomatie était un rôle purement passif ; elle se mettait à la remorque des événements au lieu de les diriger ; elle n'agissait plus, elle regardait.

Ainsi, la situation que la politique du gouvernement provisoire et de la commission exécutive faisait à la France était celle-ci : Engagement solennel d'intervenir, et en même temps abdication de toute liberté dans les actes.

Nous ne croyons pas qu'il fût possible d'adopter une ligne de conduite plus imprudente, ni de se lier les mains dans un moment où il fût plus indispensable d'agir.

Avant de signaler le rôle que les circonstances imposaient à notre gouvernement, il convient d'indiquer le fait qui peut être invoqué comme l'excuse de son inaction : l'attitude de l'Italie vis-à-vis de l'intervention de la France.

III

ATTITUDE DE L'ITALIE VIS-A-VIS DE LA FRANCE.

5

Ce qui distingue essentiellement le mouvement imprimé à l'Italie par les chefs de l'école modérée, de ces convulsions fébriles qui, sous

la main de M. Mazzini, l'avaient agitée sans ré-
sultats; c'est que ce mouvement, à la fois religieux et politique, était l'expression de la pensée nationale dans la spontanéité de son développement. La *Jeune Italie* n'avait eu qu'un but:
la révolution. L'école modérée se proposait
avant tout de conserver, en les fécondant, les
germes de grandeur qu'elle recueillait pieuse-
ment des mains de la tradition. La première
créait l'agitation factice; la seconde provoquait
l'expansion naturelle de la vie.

Aussi, tandis que la *Jeune Italie* invoquait
l'influence étrangère, la nouvelle école faisait
exclusivement appel aux inspirations nationales.
Ayant foi dans l'avenir, elle attendait les secours du temps, plutôt que de vicier les éléments indigènes par le contact d'éléments ex-
térieurs. En religion, en philosophie, en poli-
que, même horreur de l'intervention étrangère.
C'était sur cette idée que l'école dont M. Gioberti était le chef avait fondé l'édifice de la régénération italienne. Poussée jusqu'au paradoxe, cette idée avait enfanté le *Primato*;
ramenée à ses justes limites, elle avait inspiré
dans les *Speranze d'Italia*, puis dans le *Pro-*

gramma per l'opinione nazionale, la vraie formule du mouvement italien. « Nous ne demandons à l'Europe ni une goutte de son sang, ni
une obole de ses trésors, disait M. d'Azeglio;
nous ne voulons que ses sympathies. L'Italie
sait que l'indépendance veut se mériter. Elle
doit la conquérir par ses propres forces, non
avec celles d'autrui. »

Telle était la pensée des chefs de l'école modérée. Mais qu'on ne l'oublie point, ne voulant
pas l'intervention, ils ne voulaient pas la guerre;
craignant l'effet, ils redoutaient la cause : selon
eux, l'Italie n'eût dû provoquer la lutte qu'au
moment où son épée eût suffi à la soutenir. Cependant, cette lutte une fois engagée, les données du problème changeaient complètement.
La guerre venant à se prolonger, l'Italie était
fatalement impuissante contre l'Autriche. Dans
une guerre à outrance, la torpeur des populations péninsulaires devait bientôt laisser peser
sur l'armée piémontaise, la seule de l'Italie, un
poids que, malgré sa valeur, cette armée ne
pourrait longtemps porter.

L'intervention devenait donc désirable; elle
était encore un mal, mais un mal nécessaire.

Pour la refuser, il fallait toute l'illusion d'un patriotisme, honorable sans doute, mais aveugle. Cette illusion fut celle de l'Italie. L'Italie appliqua à faux les principes de ses maîtres. Elle fit par amour-propre ce que, dans leur pensée, elle eût fait plus tard par vertu. Ses premiers succès l'enivrèrent; de tous les points de la Péninsule s'éleva le cri : *Farà da se !* Dans le mois de mai dernier, on agitait en Italie la question de savoir, non pas si l'on accepterait l'intervention, — qui parlait d'intervention était un traître, — mais si l'on ferait grâce à l'Autriche quand on aurait pourchassé au-delà des Alpes le dernier des barbares. On repoussa donc le secours de la France au moment où ce secours était offert, et on l'implora quand la France ne pouvait plus l'accorder.

Il importe d'établir ce point; il importe de l'établir pour la décharge du gouvernement français. Il sera démontré qu'à un moment donné la France a voulu sauver l'Italie, et que l'Italie a refusé d'être sauvée par la France.

Le 7 avril, l'ambassadeur de Sardaigne écrivait au membre du gouvernement provisoire, ministre des affaires étrangères :

« ...Le ministère et le public sont maintenant bien convaincus que le gouvernement de la République n'a pas excité le mouvement de Chambéry ; s'il avait voulu intervenir, même indirectement, la lutte aurait été bien autrement sérieuse. »

Ainsi, l'on ne parlait rien moins que de nous recevoir par les armes.

« ... Il faut qu'on le sache bien en France ; si l'armée de la République passe les Alpes, sans ... ce appelée ici par les événements, c'en est fait pour bien longtemps de l'influence de la France et des idées françaises en Italie... Dans toute l'Italie du nord, comme à Florence, comme à Rome et à Naples, partout, si ce n'est peut-être dans quelques clubs de Milan, on ne veut de l'appui militaire de la France que le jour où il aura été bien constaté par une défaite éclatante que l'Italie seule est impuissante à rejeter les Autrichiens au-delà des Alpes. »

Et il ne faut pas dire que le Piémont et ses ministres, par effroi de la propagande républicaine, rejetassent seuls l'intervention française. En Lombardie comme à Venise, on s'était formellement prononcé. Pour obéir au cri général, le représentant du gouvernement milanais à Paris, M. le colonel Frapolli, se vit obligé, contre son opinion personnelle, de faire connaître hautement le vœu de ses compatriotes. Le 24 mai, M. Frapolli écrivait à M. de Lamartine :

« Je vous prie de vouloir bien déclarer demain publiquement ce qui est vrai, que nous, moi et le représentant de Venise, nous *sommes opposés, par sentiment national, à toute intervention française;* que les sympathies de la France étant pour nous, qui avions secoué le joug des Autrichiens, elle serait intervenue si nous l'avions demandée. » Et pour mieux témoigner de la pensée de ses compatriotes : « Il est par trop cruel, ajoutait-il, d'avoir agi comme nous l'avons fait, même contre notre propre opinion, et d'être *continuellement accusés,* nous républicains, d'avoir appelé vainement le secours des étrangers, ainsi que le répètent les feuilles à gages du Piémont et les albertistes en masse. »

Ainsi quatre ou cinq des puissances italiennes refusaient également notre concours. Et non-seulement ces refus trouvaient leur expression dans les dépêches officielles, mais, chose plus significative peut-être, ils étaient répétés par t'us les organes les plus accrédités de l'opinion en Italie. « Nous courons le *risque très-grave* d'une intervention française, s'écriait le *Contemporaneo* ; si elle avait lieu, ce serait la faute des princes italiens, qui, *par perfidie ou par faiblesse d'esprit, auraient trahi* la sainte cause du peuple. »

Prétendrait-on que le journal romain, sous l'influence de M. Mamiani, servait les secrètes intentions du Piémont ? mais que dire du 22 *marzo*, fondé à Milan, sur les barricades ? que dire de la *Patria* de Florence, de l'*Italia* de Pise ? M. Salvagnoli était-il vendu au Piémont ? M. Montanelli, parlait-il au nom d'un roi ou au nom d'un peuple ? Eh bien ! à peine l'ordre du jour publié par le commandant de l'armée des Alpes, le général Oudinot, était-il connu en Italie, que la *Patria* et l'*Italia* repoussaient les avances du gouvernement français avec une témérité qui approchait de l'insolence. « Le cri de l'Italie, disait M. Salvagnoli, dans un article tout frémissant d'enthousiasme, ne se fera jamais entendre. Elle n'a besoin de personne. Son chef, son armée suffiront pour reconquérir son indépendance, et assurer celle de toutes les nations. *Cette fois l'Italie ne demandera rien aux autres et donnera même beaucoup à tous.*» Et de Pise comme de Florence s'élevait une voix qui répétait : «Sous quel prétexte de bienveillance et de fraternel dévouement, Français, viendriez-vous sur la terre italienne violer ce même principe pour leqnel nous sommes disposés à prodiguer nos forces et nos vies ? Aucun peuple, aucun prince italien n'a demandé une armée à la France... Votre présence au milieu de nous serait une cause de troubles et de malheurs... » Puis, non contente de repousser les offres de la France, l'*Italia* lui jetait ces dédaigneuses paroles :

« Nous ne pouvons reconnaître votre supériorité superficielle. Vous avez imité, vous, une civilisation étrangère ; nous sommes, nous, un peuple créateur ; sur le fondement de tous les siècles accumulés à Rome par la main de Dieu, nous redeviendrons le premier peuple de la terre. »

Il faut pardonner beaucoup aux illusions du patriotisme ; mais il faut déplorer ces illusions quand, voilant le péril, elles repoussent le salut.

Vinrent les désastres de Villa-Franca. L'Italie, au moment du succès, avait repoussé les offres de paix présentées par l'Autriche, comme elle avait rejeté les offres de secours présentées par la France; aux premiers revers, une panique s'empara de Milan et de Venise : les bravades devinrent des vœux, les refus des supplications. Malgré les embarras intérieurs que les événements de juin créaient à la France, le gouvernement de la République, ému des périls de l'Italie, eût peut-être encore à la fin de juillet jeté son armée au-delà des Alpes. Mais aux prières des envoyés de la Lombardie, il répondait par cette condition fort naturelle que la demande d'intervention fût adressée à la France par le roi de Sardaigne, conjointement avec la Lombardie, puisque le roi tenait les passages qui livraient les Alpes. Or, le roi de Sardaigne redoutait avant tout la contagion des idées républicaines; il voyait dans l'intervention française la dissolution de son royaume de la Haute-Italie. Il est permis de croire qu'en ce moment décisif l'intérêt personnel l'aveugla sur l'intérêt de l'Italie. Avant d'accepter l'intervention, il exigeait une alliance entre la République et lui ; il demandait la consécration de ses droits sur les provinces lombardo-vénitiennes. Le gouvernement français ne crut pas devoir servir les intérêts dynastiques de la maison de Savoie ; il entendait couvrir de son épée non pas un homme, mais un peuple : il refusa. (M. Frapolli, *chargé d'affaires de la Lombardie.*)

Cependant les événements se précipitaient. Charles-Albert était en retraite sur l'Adda. Le 7 août, quand déjà le télégraphe avait annoncé au gouvernement français l'imminence de la capitulation de Milan ; quand déjà l'Angleterre s'était jetée au travers des négociations ; quand enfin l'intervention était devenue pour la France non plus une question de simple secours, mais une question de guerre européenne, l'ambassadeur de Sardaigne arriva en toute hâte à l'hôtel des affaires étrangères : il demandait au nom de Charles-Albert l'appui de la France, et cette fois sans condition.

Un conseil des ministres fut tenu aussitôt : la situation avait changé de face. La France ré-

pondit avec doulenr, mais répondit à l'Italie :
Il est trop tard !

Tels sont les faits.

IV

POLITIQUE DE LA COMMISSION EXÉCUTIVE.

6

Ce refus, obstinément opposé par la Péninsule à de généreuses propositions, un tel refus
atténue la responsabilité du gouvernement
français dans les événements dont la Haute-Italie est devenue le théâtre ; il sera invoqué dans
les conférences de Bruxelles, comme un argument décisif afin de prouver à la France que l'Italie elle-même l'a déliée de ses engagements.

Mais si l'attitude de l'Italie explique la conduite du gouvernement français, elle ne la justifie pas ; loin d'absoudre la commission exécutive
de ses fautes, elle met ces fautes en relief.

Au mois de mai, lorsque déjà avaient été officiellement repoussés les secours de la France,

M. de Lamartine, du haut de la tribune, jetait à l'Italie ces solennelles paroles :

« *Dans aucun cas*, l'Italie ne retombera sous le joug qu'elle a si glorieusement secoué ; *dans aucun cas*, la France ne manquera à cette fraternité pour vingt-six millions d'hommes, qui a été sa loi dans le passé et qui est son devoir pour l'avenir. Il y a un mot que nous pouvons dire, *avec certitude de n'être démenti par aucun événement*, c'est que, soit que la France intervienne, soit qu'elle n'ait heureusement pas à intervenir en Italie, l'Italie sera libre. »

L'Italie a retenu ces paroles : et c'est en les répétant que le Piémont porte aujourd'hui la main à la garde de son épée.

Nous ne croyons pas que jamais homme d'Etat, avec une plus magnanime imprévoyance, ait enchaîné son pays aux caprices des événements ni abandonné plus légèrement les destinées d'un peuple ami aux méprises du hasard ; ce n'est certes point la promese d'intervenir que nous entendons blâmer ; c'est, après de telles paroles, l'immobilité constituée en système, l'expectative érigée en théorie ; c'est le sacrifice du présent, fait naïvement à l'avenir. Quand on s'est lié par une telle promesse, on juge les faits pour les mettre à profit ; on n'assume pas la responsabilité pour abdiquer sa part de l'action; on n'attend pas, on agit.

Il y avait à saisir, pour la solution de cette épineuse question italienne, une de ces circonstances qui ne se produisent pas deux fois en un siècle. Le jour où retentissaient à la tribune de l'Assemblée les paroles qui en engageant la la France lui liaient les mains, ce jour même arrivait à Paris la nouvelle d'une révolution à Vienne; la Hongrie, la Gallicie, la Bohème étaient en mouvement. L'Allemagne était absorbée par les soucis de sa reconstitution; l'Angleterre voulait rester en paix; car d'un côté elle n'avait plus à lutter contre nous dans les conflits de la question espagnole, question vidée par la Révolution de Février; de l'autre, elle ne voyait qu'un point sur lequel nous pussions exciter ses susceptibilités : c'était la Belgique. Or, aucune révolution n'avait éclaté en Belgique.

Ainsi, au mois de mai, il n'y avait que l'Italie, il n'y avait que l'Autriche dont nous eussions à à nous préoccuper. Or, sous la pression révolutionnaire, le système des traités de Vienne, pour un moment, était abandoné.

La France pouvait donc en toute liberté intervenir par la diplomatie ou par les armes : elle le pouvait, elle le devait, sous peine de livrer le sort de l'Italie aux éventualités de l'avenir, et de porter atteinte, en la compromettant, à la majesté de sa parole.

Mieux valait attendre apparemment que la révolution fût écrasée à Vienne ; que l'Europe se reconstituant sur les bases de 1815, la Prusse et la Russie se déclarassent disposées à soutenir le droit de l'Autriche ; il était plus habile sans doute de rester l'arme au bras, jusqu'au moment où le vicaire impéial unirait Vienne à Francfort, où la diète proclamerait les droits *imprescriptibles* de l'Autriche sur la Lombardie, où le chef du parti modéré à Francfort, M. de Gagern viendrait affirmer que la possession de la ligne du Mincio est indispensable à la sûreté de l'Allemagne.

Ainsi pensa, nous devons le croire, la commission exécutive : elle ne parut pas se douter qu'à l'instant où elle parlait de l'avenir, le sort de l'Italie était entre ses mains.

Si nos diplomates à Turin, à Milan, à Florence etc., eussent tant soit peu connu la Péninsule ;

s'ils eussent été en mesure de discerner ce qu'il y avait de sérieux sous cette infatuation des journaux, des clubs, des orateurs de carrefour, infatuation qui, dans l'étourdissement d'un premier succès, imposait sa tyrannie aux orateurs dans les chambres, aux ministres dans les conseils ; s'ils eussent compris « qu'en Italie rien n'était préparé dans les âmes, dans les cœurs, les mœurs, dans les habitudes militaires » (M. d'Azeglio, *ai suoi elettori*) ; s'ils eussent compris cela, ils eussent dit à notre gouvernement : « L'Italie, dans une guerre avec l'Autriche, n'a que deux chances de salut : un prompt succès suivi d'un traité, ou votre intervention. N'en croyez point ces illusions, sauvez-la d'elle-même ; agissez ! »

Alors, la France eût tenu aux Italiens ce ferme et décisif langage : « Vous ne pouvez vous sauver seuls ; la prolongation de la guerre amène fatalement votre défaite. Je vous offre mon appui, non pas quand vous m'appellerez, il serait trop tard, mais aujourd'hui. Ou agréez la transaction offerte par l'Autriche, ou, si vous préférez la guerre, ouvrez-moi les passages des Alpes. Sinon, ma parole est dégagée : ne comptez plus sur moi. Libre aujourd'hui, je ne le serai plus demain.

De deux choses l'une : ou l'Italie refusait, et la France, du moins, mettait ses engagements hors de cause ; ou elle acceptait, et la question était résolue par une transaction ou tranchée par les armes.

Mise en demeure, l'Italie eût accepté le secours de la France. Au fond, elle désirait ce secours. L'intervention décidée, elle eût poussé quelques cris de plus contre les *Francesi invasori ;* dans sa conscience intime, elle les aurait bénis. L'Italie, qu'on le sache, eût voulu provoquer l'intervention, tout en paraissant la subir. Elle souhaitait que cette intervention semblât lui être imposée, afin de se réserver le plaisir de protester contre elle, en en profitant.

Or, qu'on le remarque, en donnant une solution à la question de l'indépendance, on prévenait par là même le bouleversement de l'Italie centrale. Le prétexte et la cause de la révolution romaine ne sont autres que les griefs de la nationalité italienne. Le germe de cette révolution est dans l'allocution du 29 avril ; les scènes du 1ᵉʳ mai à Rome devaient éclairer le gouvernement français. Le nœud de la difficulté n'était pas dans les États-Romains, mais en Lombardie (1). Le triomphe de l'indépendance était la sécurité du Pape. La France rendait à Pie IX le plus signalé des services, en épargnant à sa conscience cette nécessité fatale d'avoir à choisir, un jour, entre son devoir de prince, et sa mission de Pontife. C'était à Milan qu'on devait tuer l'insurrection de Rome; il fallait prévenir l'effet en détruisant la cause. Que la France comprît le rôle qui lui était assigné, qu'elle servît l'idée religieuse dans l'idée nationale, et aujourd'hui l'Italie serait aux pieds de Pie IX, montrant aux peuples, pour le glorifier, le vengeur de son indépendance, dans ce même Pontife qui avait consacré, pour elle et pour le monde, l'union de la foi et de la liberté.

Eh bien ! en présence de ces grands intérêts, de ces deux questions de la haute Italie et de Rome, en présence d'engagements solennels, qu'a fait la France? Radetski est à Milan, et Pie IX à Gaëte.

(1) V. le discours de M. Pantaleoni, membre de la chambre des députés à Rome, sur la proposition *d'une constituante des États-romains.*

La République, il faut bien le dire, la République pas plus que la monarchie, n'a sondé la profondeur du problème italien ; la première pas plus que la seconde n'a compris cette révolution décisive que, dans la sphère de l'intelligence, allait accomplir le chef du catholicisme, lorsqu'il apparaîtrait au monde comme le représentant de la liberté moderne, et le défenseur de la nationalité des peuples. Pour seconder cette révolution qu'a-t-elle fait? Dans tous les actes de la commission exécutive, dans toutes ces paroles tombées de la tribune, où une idée ? où un principe ? où surtout un plan d'avenir ? Il semble que tout notre programme de politique étrangère se soit résumé dans ce mot : regarder. Au moment où il fallait agir, notre intervention diplomatique fut aussi active que notre intervention militaire : la diplomatie de la France fit ce que faisait l'armée de la France : elle attendit.

Au mois d'avril, nul ne l'ignore aujourd'hui, le comte de Fiquelmont proposait, sur les bases suivantes, un projet de pacification pour l'Italie.

La Lombardie et la Vénétie, avec Parme et Modène, eussent formé un État séparé, avec une administration indépendante et nationale. A la tête du nouvel État on eût placé un archiduc, le prince Sigismond, fils de l'archiduc Regnier.

Ce projet donnait à la fois satisfaction et à l'intérêt de l'Italie et à l'amour-propre national de l'Autriche. Laisser poser à la cour de Vienne cet ultimatum pur et simple : Évacuation du Lombardo-Vénitien, c'était placer l'Autriche entre le déshonneur et une guerre à outrance. Or, une guerre à outrance était la perte de l'Italie. — On ne le comprit pas.

Mêmes propositions au mois de mai. M. Hummelauer fut chargé de les faire agréer à Londres. On concédait au royaume Lombardo-Vénitien une armée nationale, sous cette condition que la haute Italie contribuerait pour quatre millions de florins aux dépenses générales de l'État, et pour dix millions à l'intérêt de la dette publique. L'agent autrichien voyait dans cet arrangement le seul moyen de prévenir une intervention française ; le ministre anglais à Turin, M. Abercromby, partageait cette conviction, et ne la cachait pas. Tous deux prêtaient au gouvernement français l'intelligente énergie que lui imposaient à la fois son intérêt et son devoir.

Au mois de juin, nouvelle ouverture. M. de Wessemberg accrédita auprès du gouvernement provisoire de Milan un agent spécial, M. de Schnitzer, pour entamer des négociations sur les bases de la séparation de la Lombardie. Mais Charles-Albert parlait alors d'aller traiter à Vienne. Plus que jamais, les journaux et les clubs italiens s'écriaient d'un air menaçant : *L'Italià farà da se.* Le gouvernement français se croisa les bras, répéta : *farà da se,* et attendit. Quand il s'avisa de regarder, Radetzki était à Milan ; et la France n'avait pas su dégager sa parole.

Depuis cette époque, il s'est agi d'une médiation anglo-française, et la France, dupe de l'Autriche qui parle maintenant du haut d'un *fait accompli,* la France, après avoir passé cinq mois à s'enquérir bonnement du lieu où se tiendrait la conférence diplomatique, la France, à l'heure qu'il est, se trouve seule en présence des puissances européennes qui, pour conserver et défendre l'œuvre de 1815, un moment compromise, se prêtent, sous nos yeux, un fraternel appui. Elle parlait de médiation, et la cour de Vienne faisait dire à Paris par son chargé d'affaires, M. de Thom , qu'avant de consentir au moindre changement territorial en Italie, elle préférait accepter de nouveau les chances de la guerre ; elle parlait d'affranchissement, et le cabinet autrichien , dans le programme présenté le 27 novembre à la diète de Kremsier , proclamant solennellement l'intégrité de la monarchie autrichienne, déclarait que, loin d'abandonner ses possessions italiennes, elle les couvrait de son épée.

V

CONCLUSION.

7.

De l'analyse exacte et d'un sévère examen des faits ressortent ces conclusions :

La France ne prit part à l'insurrection lombarde par aucune influence ni officielle ni directe ; par conséquent sa parole n'y fut pas compromise ;

Mais si la France ne provoqua point la révolution nationale italienne, elle l'adopta, la fit sienne, et se porta garant de son triomphe;

Le gouvernement français promit solennellement l'intervention armée, et l'Assemblée nationale, dans un ordre du jour motivé, engagea non pas un ministère, mais la France, en ratifiant cette promesse;

D'un autre côté, l'Italie tout entière repoussa l'intervention française au moment où cette intervention fut offerte; et, plus tard, quand l'Italie l'implorait, le Piémont, en protestant, paralysa la volonté de la France.

De ces derniers faits, il semble résulter clairement que l'Italie, par ses refus, a délié le gouvernement français; mais, il faut bien le reconnaître, le gouvernement, pas plus que l'Assemblée, n'ont jamais dégagé la parole qu'ils avaient solennellement engagée. Ils n'ont pas su le faire ou ils ne l'ont pas voulu; nous croyons, nous, qu'ils ne l'ont pas su; peu importe; je ne discute pas en ce moment, je constate.

Il y a plus : en acceptant la médiation proposée par l'Angleterre sur les instances de l'Autriche, le gouvernement français n'entendit pas éluder une promesse dont il se regardât comme affranchi; la médiation, succédant à l'intervention armée, n'était à ses yeux qu'une autre voie pour arriver au même but; un moyen substitué à un moyen. Il déclarait officiellement que

« La médiation en Italie serait suivie d'un *prompt et honorable* résultat. » (Note du ministre des affaires étrangères, dans le *Moniteur* du 12 août.)

Il répétait à la tribune

« Que la médiation ne serait pas sérieuse si elle n'avait pour objet l'affranchissement de l'Italie. »

Aux yeux de l'Assemblée nationale et du gouvernement, la France, en entrant dans la médiation, loin de nier ses engagements, les constatait.

Si la preuve n'était pas dans le langage que tenait le gouvernement français à cette époque, elle serait dans les propositions mises en avant par lui comme bases premières de la médiation : l'empereur devait renoncer formellement à la

Lombardie ; la Vénétie, sans être complétement détachée de l'Autriche, fût devenue un royaume distinct, avec un archiduc, sous la garantie d'une constitution indépendante et d'une armée nationale. C'était bien là; qui ne le voit ? l'*affranchissement* de l'Italie.

Plus tard, on accepta le contre-projet de lord Palmerston qui garantissait à l'Autriche la ligne de l'Adige; mais la proposition primitive du gouvernement français n'en reste pas moins, dans ses termes, comme la preuve nouvelle d'un engagement reconnu.

Telle est, au vrai, la situation de la France dans la question italienne. La France, à l'heure qu'il est, il faut avoir le courage de le rappeler à ceux qui accepteraient la honte de l'oublier, la France, à l'heure qu'il est, aujourd'hui comme hier, est en présence d'une parole donnée. Qu'elle se soit laissé acculer, par une déplorable série de fautes, aux plus graves difficultés; qu'elle eût pu, qu'elle eût dû dégager sa parole en temps opportun, je l'ai prouvé abondamment : là n'est plus la question. Les fautes sont passées, mais l'engagement demeure. Il n'est qu'un moyen pour une nation de réparer des fautes; c'est de regarder en face les conséquences de ces fautes, et de prouver sa force en en triomphant.

Que si maintenant on accepte cette déclaration du comte de Colloredo à Londres, que *la médiation n'aura pas plus à se mêler de la constitution intérieure de la Lombardie que de son indépendance,* en d'autres termes, que les traités de 1815 restent la loi de l'Italie, je demande ce que devient l'engagement du gouvernement français, l'engagement de l'Assemblée nationale, l'engagement consacré par la substitution d'une médiation pacifique à l'intervention armée, l'engagement renouvelé au mois d'octobre par le chef du pouvoir exécutif, quand il calmait par ces mots les inquiétudes de l'Assemblée nationale : « Le fait de la médiation prouve suffisamment que les bases de cette médiation ne sont pas les traités de 1815 ; s'il n'y avait pas eu d'autre base à prendre que ces traités, *la médiation devenait inutile.* » Je demande, en un mot, ce que devient la parole, ce que devient l'honneur, ce que devient l'autorité morale de la France !

« Nous sommes très-décidés, disait M. Odilon Barrot, dans son programme ministériel, à ne promettre que ce que nous croirons pouvoir tenir. » Qu'est-ce à dire? Il ne s'agit point, pour le ministère actuel, de promesses à faire, mais de promesses à tenir. La France a vécu avant le ministère; avant lui elle a parlé, elle a promis; l'administration nouvelle, dans l'héritage qu'elle recueillait, a trouvé ces paroles et ces promesses. Est-elle en droit de les annuler?

La question n'est pas de savoir si le même homme qui proposait il y a quelques mois à l'Assemblée nationale de résumer sa pensée par ces mots : «Affranchissement de l'Italie; » qui, au moment où s'entamait la médiation, rendant compte à la tribune d'une demande d'intervention adressée par les Milanais, rappelait ces paroles de M. Bastide : « Il ne saurait y avoir de pacification sans affranchissement; » qui protestait alors de sa « vive et *persévérante* sollicitude pour l'indépendance de la Péninsule» ; si le même homme, aujourd'hui ministre des affaires étrangères, pourra consentir à signer l'asservissement de l'Italie; la question est plus haute : il s'agit de savoir d'abord si la parole de la France, une fois jetée dans la balance des destinées européennes, y pèsera de son poids ; si la France abdiquera en acceptant un démenti ; si elle tuera son influence dans l'avenir, en démontrant à l'Europe que pour duper son gouvernement il ne s'agit que de l'amuser par des protocoles, jusqu'au moment où il courbe la tête, à genoux devant le *fait accompli* ; il s'agit ensuite de savoir si le gouvernement pénètre la profondeur de cette question italienne ; s'il croit en finir avec elle en la faisant trancher par le glaive de l'Autriche ; si, au prix du plus douloureux des sacrifices, il croit du moins pouvoir acheter la paix sur nos frontières ; s'il pense que l'armée piémontaise encore une fois brisée, la Lombardie écrasée une fois encore, l'idée nationale aujourd'hui comprimée, n'enfantera pas demain de nouvelles convulsions ; s'il comprend l'étroite connexité qui unit la révolution romaine à la question de l'indépendance, en sorte que l'intérêt religieux est intimement uni à l'intérêt politique, et qu'il n'est possible d'affranchir l'Italie des anarchistes qui la désolent, qu'en la délivrant des étrangers qui l'étouffent; si enfin, portant ses regards par delà l'horizon d'un cabinet, il compte résoudre la question, — preuve de force, au lieu de l'ajourner, — preuve de faiblesse; s'il entend faire une œuvre d'un jour, au lieu d'être résolu, en maintenant la parole de la France, à travailler pour l'avenir.

Le moment est venu, non de parler, mais d'agir. Or, qu'on se le dise, le double problème politique et religieux que présente aujourd'hui l'Italie ne peut recevoir de solution sérieuse et *durable* que par l'affranchissement.

8

Quand avec les chefs de l'école libérale on a flétri les excès de l'emportement révolutionnaire (1); quand on a tout dit, il reste à juger politiquement la question péninsulaire; à prononcer sur le présent en l'expliquant par le passé, et en l'éclairant par l'avenir.

Or, si l'on a suivi l'histoire des trente dernières années, si l'on a vu se former le parti

____

(1) V. M. d'Azeglio (*ai suoi elettori.*)

national en Italie, si l'on a saisi le sens du mouvement de 1821 et de la propagande organisée par la *jeune Italie*, si l'on a compris le but de l'école *libérale modérée* à partir de l'année 1843, si l'on connaît surtout la pensée intime des chefs de cette grande école, on arrive à cette conclusion :

Il y a un peuple qui, après avoir langui trois siècles, brisé sous les pas des soldats étrangers, énervé par l'action systématique des gouvernements qui cherchaient leur force dans sa faiblesse et vivaient de sa mort ; il y a un peuple qui a résolu de revendiquer son existence politique, de conquérir ses droits à la vie de nation ; une portion de ce peuple, celle qu'engourdit encore de ses étreintes une paralysie séculaire, assiste, dans l'indifférence, aux luttes de l'idée nationale :

Lenta aspettando de grand'atti 'l fine....

Mais tout ce qui pense, tout ce qui écrit, tout ce qui agit, toute la partie vivante de ce peuple, n'obéit qu'à une même pensée : la conquête de l'indépendance ; et, jusqu'au jour où sera réalisée cette conquête, les convulsions de l'Italie, remettant sans cesse en question les arrêts du droit international, compromettront la paix de l'Europe.

Voilà ce que l'Autriche devrait comprendre, ce que la France, en ce moment, doit faire comprendre à l'Autriche.

Il y a en Italie deux écoles politiques très-opposées assurément : l'école *libérale modérée* et l'école *révolutionnaire*. Mais, qu'on le sache, si elles diffèrent quant aux moyens, quant à l'appréciation des hommes et des choses, elles ne diffèrent pas quant au but. La première se posait ainsi le problème :

« Etant donnée la nation italienne, divisée en sept États, dénuée de vigueur morale et de force militaire, corrompue par les gouvernements, qui trouvaient leur sécurité dans son abjection (*corrotta da governi che trovavano la loro sicurezza nella sua abbiezione*, M. d'Azeglio), amener les gouvernants à se faire eux-mêmes les régénérateurs de leurs peuples, unir les uns et les autres dans la solidarité d'une œuvre commune, et, l'alliance conclue, diriger les forces coalisées contre la domination autrichienne. » Qu'on lise MM. Gioberti, Balbo, d'Azeglio, etc.; au point de vue politique ces hommes éminents n'ont pas d'autre pensée.

La seconde école s'est dit, au contraire : « L'Italie ne peut compter sur ses gouvernements pour la conquête de l'indépendance; renversons-les ; et à la guerre des princes substituons la guerre des peuples. »

Nous le répétons, il y a dissentiment complet sur les moyens entre les deux écoles, mais il y a communauté de but, identité d'espérances. L'une veut unir les forces intérieures par la conciliation ; l'autre veut les rapprocher par la violence ; toutes deux sont résolues à les diriger contre un ennemi commun. La première est convaincue qu'elle ne peut se passer des gouvernements, l'autre commence par les briser dans l'espoir de s'emparer des peuples ; toutes deux, mais divisées par la question d'opportunité, toutes deux veulent une seule et même chose, la guerre, et par la guerre l'indépendance.

M. d'Azeglio, au mois d'avril dernier, employa toute son influence à obtenir de Pie IX l'autorisation de jeter l'armée pontificale au-delà du Pô; Mazzini employait toute la sienne à renverser Pie IX ; le premier, en combattant le second, en détestant ses moyens, aspirait autant que lui, plus énergiquement que lui, avec plus de dévouement que lui, au but commun : l'indépendance.

Eh bien! ce fait établi, si la question italienne ne reçoit pas, aujourd'hui, la solution invoquée par les deux écoles dans lesquelles se résument toutes les forces vives de la nation, si l'Italie sent encore une main de fer se poser sur son cœur, qu'arrivera-t-il? Ceci :

L'armée piémontaise de nouveau écrasée, il y aura pour l'Europe, non la paix, mais une trève. Demain, comme hier, recommencera ce double travail des deux écoles qui se partagent la Péninsule ; travail de renversement pour l'une, de conciliation pour l'autre ; la paix sera mise à profit par la première pour conspirer, par la seconde pour préparer la guerre. Les gouvernements restaurés seront tenus en échec, et c'est l'épée à la main, la mèche sur ses canons, que l'Autriche devra veiller sur ce lambeau d'Italie qu'elle aura ressaisi comme une proie. A la première occasion, l'insurrection relèvera son drapeau dans les rues de Milan, et l'Italie saluant ce drapeau, une question de guerre sera de nouveau posée à l'Europe.

Je demande si un état de choses, dans lequel les gouvernements italiens ne peuvent compter sur la vie du lendemain, où l'Autriche ne peut maintenir la paix que par la guerre, où l'Europe est à chaque instant sur le qui-vive! si un tel état de choses peut être accepté par des hommes d'État; si le provisoire est une solution; si enfin, l'intérêt, nous ne disons pas de l'Italie, mais de l'Europe, n'est pas lié étroitement à la promesse solennellement contractée par le gouvernement de la France.

9

Quand l'Autriche entretient dans la Lombardie plus de 45,000 hommes, loin de tirer profit de sa conquête, elle se ruine pour la maîtriser. Or, après les massacres de 1847 (V. les *Lutti di Lombardia*), après la révolution de mars, après une lutte de cinq mois, en face du sentiment national mûri par une année d'épreuves plus rapidement que par dix années de repos; quel es-

poir de calmer les haines, d'endormir une insurrection permanente, de substituer, en un
mot, l'état de paix à l'état de guerre?

De plus, devant cette résolution des populations lombardo-vénitiennes de repousser tout
produit autrichien, quel avantage commercial
trouvera le cabinet de Vienne à la possession
d'un pays qui combat encore en s'abstenant?

De deux choses l'une : ou l'Autriche, pour
conserver la Lombardo-Vénétie, lui donnera les
institutions modernes; et la liberté constitu-
tionnelle, aussitôt, sera mise au service de l'indépendance; — ou l'Autriche fera peser sur le
pays vaincu le régime de conquête; et combien
de temps, à la face de l'Europe, peut durer un
gouvernement de terreur?

La Péninsule n'est donc attachée désormais
aux flancs de l'empire que pour épuiser l'op-
presseur. Entre l'indépendance à reconnaître et
un système ruineux de compression ; entre l'affranchissement et le régime du sabre, il faut
choisir aujourd'hui. Eh bien! nous demandons
si, au lieu de consommer dans une lutte stérile
des forces qui, jetées dans les provinces danu-
biennes, la serviraient en servant l'Europe,

l'Autriche ne trouverait pas avantage à négocier sur ces bases :

1° Affranchissement de l'Italie ; 2° acceptation de la part des Etats Lombardo-Vénitiens d'une portion proportionnelle de la dette autrichienne ; 3° traité qui favoriserait le commerce autrichien.

L'affranchissement de la Péninsule, qui ne le voit ? est pour l'Autriche, non plus une question d'intérêt, mais une question d'amour-propre. Pie IX, au mois de mai dernier, l'invitait « à déposer de sanglantes haines, et à convertir en *utiles relations* d'amical voisinage une domination qui ne serait ni durable ni glorieuse, puisqu'elle ne reposerait que sur le fer. » (Lettre de S. S. à l'empereur, 3 mai 1848.) L'Autriche ne peut-elle écouter ce conseil sans abaisser son drapeau ?

Voici comment, dans les conférences qui se préparent, la question, suivant nous, devrait être posée :

Si le roi de Sardaigne eût été vainqueur, qu'arrivait-il ? Les provinces lombardo-vénitiennes, arrachées à l'empire, constituaient sous le sceptre de Charles-Albert le royaume de la haute Italie : la maison d'Autriche humiliée s'inclinait devant la maison de Savoie.

L'Autriche est victorieuse : dès lors les prétentions du roi de Sardaigne sont nécessairement hors de cause. Les appuyer, serait tout simplement demander au vainqueur d'accepter la loi du vaincu. Que Charles-Albert maintienne la question dans les termes où l'avait posée le vote des populations lombardo-vénitiennes, et la solution devient impossible. Entre le Piémont et l'Autriche, les armes ont décidé ; sur ce terrain spécial l'Autriche est inattaquable ; elle le sait : c'est pourquoi elle s'efforce d'établir « que les conditions de la paix à conclure entre elle et la Sardaigne doivent être, à son avis, l'unique objet de la médiation. » (Dépêche du cabinet autrichien à ses représentants près les cours de Berlin et de Saint-Pétersbourg, 27 janvier 1849.) Et, en effet, s'il ne s'agit que de fixer les prétentions respectives de l'Autriche et de la Sardaigne, l'une est victorieuse, l'autre est vaincue : concluez.

Certes, l'Europe applaudit à Charles-Albert ; elle rend un éclatant hommage à ce peuple de quatre millions d'hommes qui s'apprête une fois encore à se jeter dans une lutte héroïque. Mais, en présence de cet intérêt suprême, l'indépendance de l'Italie, le Piémont, nous n'en pouvons douter, ajouterait, au sacrifice de son sang et de son or, un dernier sacrifice : il se contenterait de la possession des duchés. Il aurait à la fois et le mérite du succès et la gloire du dévouement.

Or, l'intérêt particulier du roi de Sardaigne écarté, une satisfaction complète donnée sur ce point à l'honneur des armes impériales, la question reste tout entière.

Au point de vue européen, l'affranchissement de l'Italie est-il la condition de la paix générale?

Au point de vue français, la parole de la République est-elle engagée?

Une seule réponse peut être faite; de cette réponse que faut-il conclure? Ceci :

Pour l'Europe, il n'est de solution durable, pour la France il n'est de solution honorable, que dans l'affranchissement de la Péninsule. Derrière cette conclusion, il y a les instances de l'Angleterre, et au besoin *l'épée de la France.*

Maintenant à quelle condition l'Autriche accordera-t-elle à l'Europe une satisfaction nécessaire? A quelle condition les Etats lombardo-vénitiens vivront-ils d'une vie nationale, sous la protection d'une armée nationale?

A la condition que, ses intérêts financiers et commerciaux réglés d'ailleurs par des clauses spéciales, l'Autriche, sous la garantie d'une constitution, donnerait un archiduc au nouvel Etat, pour témoigner que son gouvernement renonce à l'Italie, non comme vaincu, mais en vainqueur; non en subissant le fait, mais en acceptant le droit; non en s'abaissant devant un ennemi, mais en s'inclinant devant des nations alliées.

Cette solution aboutit à ce triple résultat :

Elle assure la paix générale en satisfaisant l'Italie, sans blesser l'honneur de l'Autriche; elle dégage la parole de la France; elle permet de résoudre la question romaine.

Vouloir trancher la question romaine sans pourvoir à l'indépendance italienne, nous le répétons, c'est travailler pour aujourd'hui sans penser à demain, c'est parler d'un effet sans prendre garde à la cause; sous prétexte de servir le Pape, c'est le placer sur un volcan.

Que si le cabinet de Paris adhère à cette pensée du cabinet autrichien, qu'il faut revenir à « une consécration nouvelle des principes *de justice* et de *saine politique* que le congrès de Vienne a eu la sagesse d'établir »; (dépêche du 27 janvier) par la violation de la parole de la France, croyant obtenir la paix, il organisera la guerre. La Péninsule n'a pas tressailli vainement sous la parole de Pie IX, lorsque, dans cette magnifique allocution du 10 février, invoquant la bénédiction suprême non sur le Piémont, non sur la Toscane, non sur ses propres Etats, mais sur l'*Italie* (1), le Pontife consacrait, aux acclamations du monde, le principe souverain des nationalités. Jusqu'au jour où le vœu de la justice et du droit sera devenu un fait, l'Italie, qu'on y songe, est pour le repos de l'Europe une menace et un péril.

L'Angleterre voit cette menace et comprend ce péril. C'est pourquoi, en ce moment même, devant l'attitude énergique du roi de Piémont et l'imminence d'hostilités nouvelles, en ce mo-

(1) Oh! perciò benedite, gran Dio, l'Italia... Benedite la con la benedizione che umilmente vi domanda, posta la fronte per terra, il vostro vicario... et...

ment même, elle travailla à procurer la solution
qui préviendrait une conflagration redoutable,
en donnant aux négociations de Bruxelles une
direction que la faiblesse du ministère français
est impuissante à leur imprimer. Non pas que
l'intérêt de l'Italie, aujourd'hui plus qu'hier,
dicte les résolutions du cabinet de Londres;
l'année dernière, il s'opposa de toutes ses forces
à l'entrée de Charles-Albert en Lombardie; et
la médiation, dans l'origine, ne lui semblait
qu'un moyen d'assurer au triomphe de l'Autriche l'autorité d'un fait accompli. Mais la résolution du roi de Sardaigne a changé la situation. L'Angleterre veut une chose: la paix; si
elle croyait conquérir la paix en sacrifiant l'I-
talie, elle riverait la chaîne; la paix ne peut
être achetée que par un compromis; elle sou-
tient ce compromis.

« Tant qu'une souveraineté étrangère, a dit
M. le comte Balbo, pèsera sur la haute Italie,
elle écrasera la Péninsule, qu'elle tient à la
gorge. Elle rend impossible toute organisation
intérieure de l'Italie, et, par suite, toute constitution définitive de l'équilibre européen (*Speranze d'Italia*). » Ces paroles, vraies en 1844,

devaient être le programme des hommes d'Etat en 1848. N'en pas tenir compte aujourd'hui, c'est pour tous les gouvernements de l'Europe faire acte d'imprévoyance; pour notre gouvernement, après la Révolution, c'est abandonner ce double intérêt politique et religieux dont il se disait le défenseur; après les engagements qui l'enchaînent, c'est infliger à la parole de la France le plus éclatant de tous les démentis.

FIN.

Paris. — Société typographique, E. Desoye et Cie, 32, rue de Seine.